입학준비

# 국어

## 처음 배우기

기획 : 와이앤엠 편집부

와이 앤 엠

# 차 례

## 1. 자음자 배우기

★ 'ㄱ~ㄹ' 까지의 자음자 쓰기 순서를 알아 봅시다.

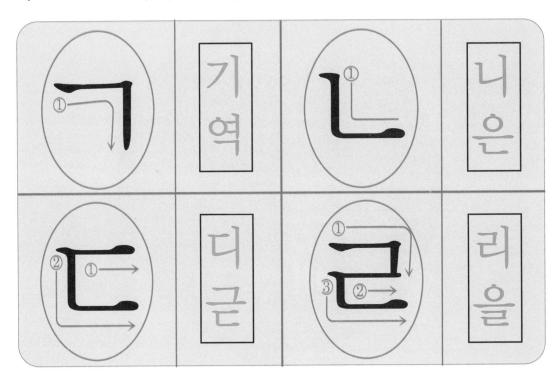

★ 'ㄱ~ㄹ' 까지의 자음자를 예쁘게 따라 써 봅시다.

| ㄱ | ㄱ | ㄱ | ㄱ | ㄱ | ㄱ | ㄱ | ㄱ |
|---|---|---|---|---|---|---|---|
| ㄴ | ㄴ | ㄴ | ㄴ | ㄴ | ㄴ | ㄴ | ㄴ |
| ㄷ | ㄷ | ㄷ | ㄷ | ㄷ | ㄷ | ㄷ | ㄷ |
| ㄹ | ㄹ | ㄹ | ㄹ | ㄹ | ㄹ | ㄹ | ㄹ |

☆ 'ㄱ~ㄴ'까지의 자음자를 익히며 예쁘게 따라 써 봅시다.

가지

가구

나무

나비

★ 'ㄷ~ㄹ' 까지의 자음자를 익히며 예쁘게 따라 써 봅시다.

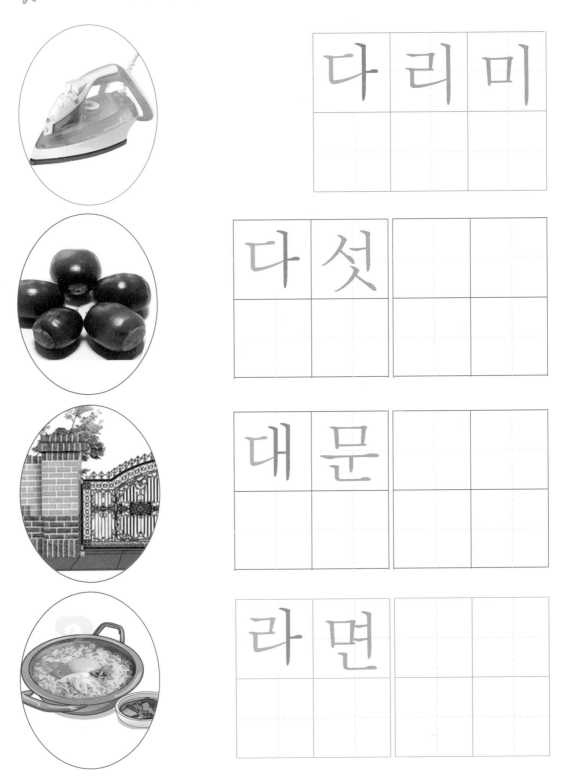

다리미

다섯

대문

라면

| 도 | 끼 | | |
|---|---|---|---|
| | | | |

| 두 | 루 | 미 |
|---|---|---|
| | | |

| 소 | 라 | | |
|---|---|---|---|
| | | | |

| 로 | 켓 | | |
|---|---|---|---|
| | | | |

⭐ ‘ㅁ~ㅇ’까지의 자음자 쓰기 순서를 알아 봅시다.

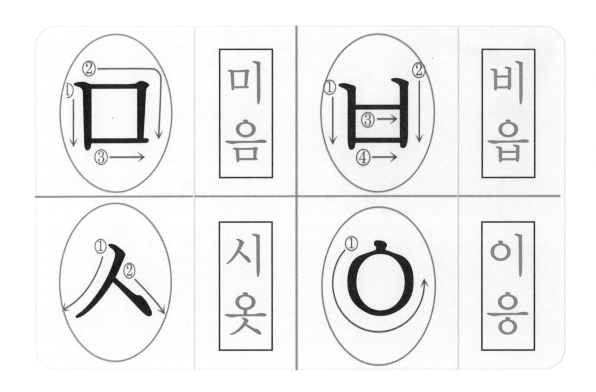

⭐ ‘ㅁ~ㅇ’까지의 자음자를 예쁘게 따라 써 봅시다.

마늘

모기

바늘

바다

★ 'ㅂ~ㅅ'까지의 자음자를 익히며 예쁘게 따라 써 봅시다.

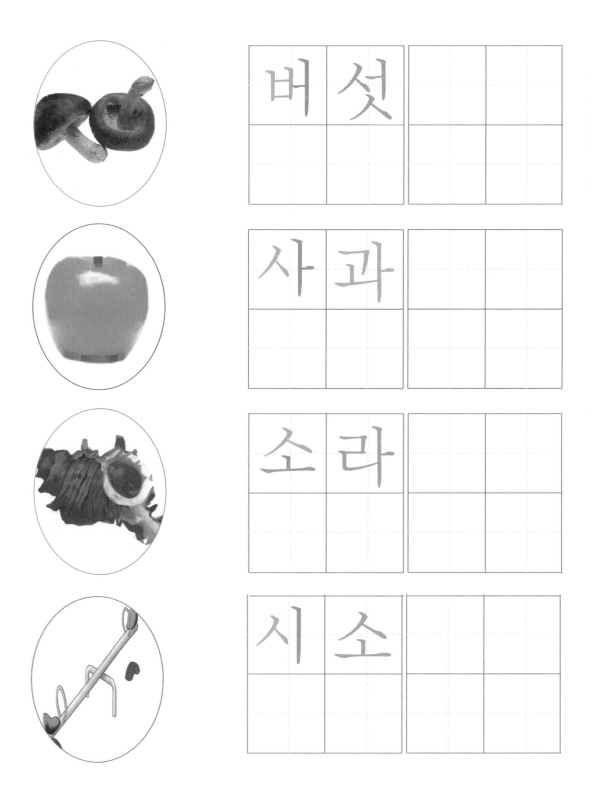

| | | | |
|---|---|---|---|
| 버 | 섯 | | |

| | | | |
|---|---|---|---|
| 사 | 과 | | |

| | | | |
|---|---|---|---|
| 소 | 라 | | |

| | | | |
|---|---|---|---|
| 시 | 소 | | |

☆ 'ㅇ'의 자음자를 익히며 예쁘게 따라 써 봅시다.

아 기

여 우

오 소 리

오 이

⭐ 'ㅈ~ㅌ' 까지의 자음자 쓰기 순서를 알아 봅시다.

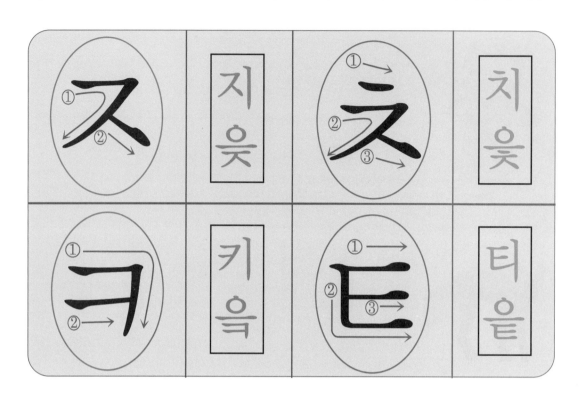

⭐ 'ㅈ~ㅌ' 까지의 자음자를 예쁘게 따라 써 봅시다.

| ㅈ | ㅈ | ㅈ | ㅈ | ㅈ | ㅈ | ㅈ | ㅈ |
|---|---|---|---|---|---|---|---|
| ㅊ | ㅊ | ㅊ | ㅊ | ㅊ | ㅊ | ㅊ | ㅊ |

| ㅋ | ㅋ | ㅋ | ㅋ | ㅋ | ㅋ | ㅋ | ㅋ |
|---|---|---|---|---|---|---|---|
| ㅌ | ㅌ | ㅌ | ㅌ | ㅌ | ㅌ | ㅌ | ㅌ |

☆ 'ㅈ~ㅊ' 까지의 자음자를 익히며 예쁘게 따라 써 봅시다.

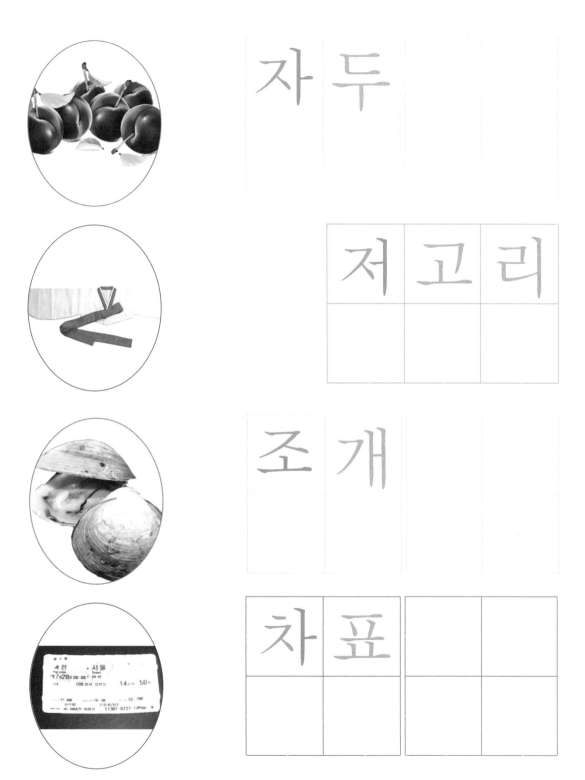

자 두

저 고 리

조 개

차 표

☆ 'ㅊ~ㅌ'까지의 자음자를 익히며 예쁘게 따라 써 봅시다.

초가

추석

커튼

코끼리

기타

터널

토끼

토마토

★ 'ㅍ~ㅎ'까지의 자음자 쓰기 순서를 알아 봅시다.

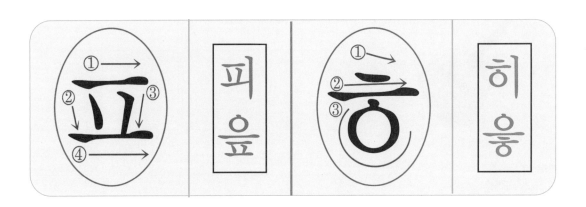

★ 'ㅍ~ㅎ'까지의 자음자를 예쁘게 따라 써 봅시다.

| ㅍ | ㅍ | ㅍ | ㅍ | ㅍ | ㅍ | ㅍ | ㅍ |
|---|---|---|---|---|---|---|---|
| ㅎ | ㅎ | ㅎ | ㅎ | ㅎ | ㅎ | ㅎ | ㅎ |

파 도

포 도

하 마

호 랑 이

## 2.모음자 배우기

★ ‘ㅏ~ㅕ’ 까지의 모음자 쓰기 순서를 알아 봅시다.

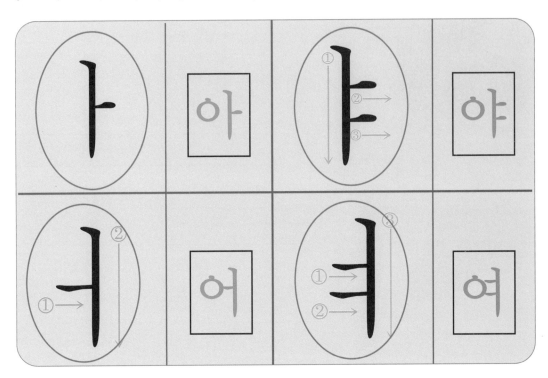

★ ‘ㅏ~ㅕ’를 예쁘게 따라 써 봅시다.

| ㅏ | ㅏ | ㅏ | ㅏ | ㅏ | ㅏ | ㅏ | ㅏ |
|---|---|---|---|---|---|---|---|
| ㅑ | ㅑ | ㅑ | ㅑ | ㅑ | ㅑ | ㅑ | ㅑ |
| ㅓ | ㅓ | ㅓ | ㅓ | ㅓ | ㅓ | ㅓ | ㅓ |
| ㅕ | ㅕ | ㅕ | ㅕ | ㅕ | ㅕ | ㅕ | ㅕ |

☆ 'ㅏ~ㅑ'까지의 모음자를 익히며 예쁘게 따라 써 봅시다.

아기

아빠

야구

약국

| 어 | 망 | | |
| 어 | 깨 | | |
| 언 | 덕 | | |
| 여 | 름 | | |

| 여 | 섯 | | |
|---|---|---|---|
| | | | |

| 여 | 우 | | |
|---|---|---|---|
| | | | |

| 여 | 치 | | |
|---|---|---|---|
| | | | |

| 여 | 자 | | |
|---|---|---|---|
| | | | |

★ '그 ~ㅠ' 까지의 모음자 쓰기 순서를 알아 봅시다.

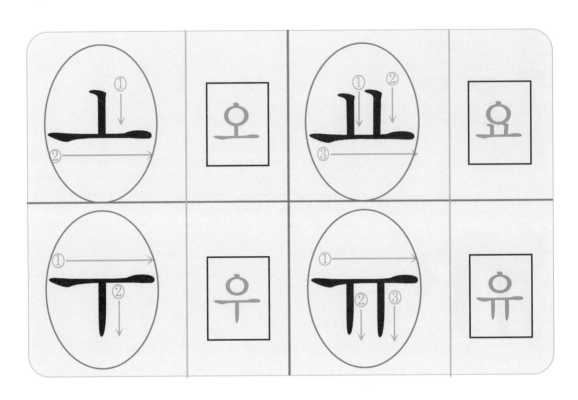

★ '그~ㅠ'를 예쁘게 따라 써 봅시다.

☆ 'ㅗ'의 모음자를 익히며 예쁘게 따라 써 봅시다.

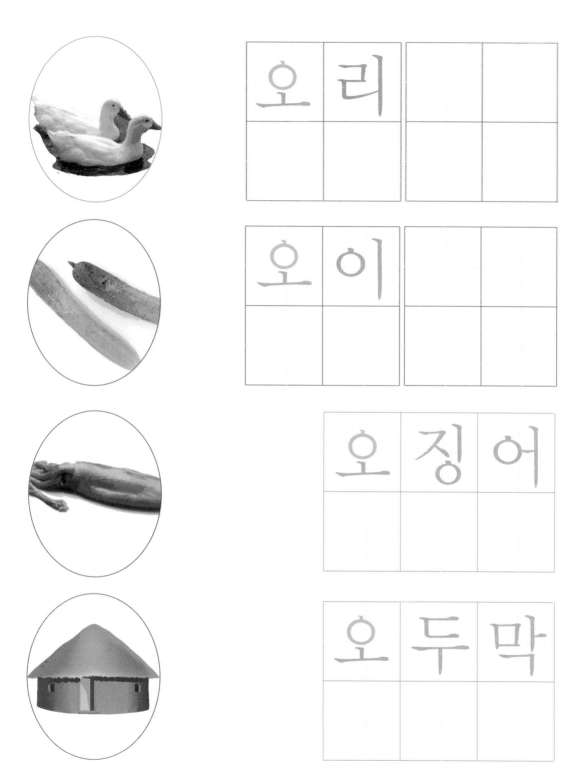

오 리

오 이

오 징 어

오 두 막

★ '요'의 모음자를 익히며 예쁘게 따라 써 봅시다.

| 요 | 강 | | |
|---|---|---|---|
| | | | |

| 요 | 리 | | |
|---|---|---|---|
| | | | |

| 요 | 술 | | |
|---|---|---|---|
| | | | |

| 욕 | 실 | | |
|---|---|---|---|
| | | | |

☆ '一~ㅣ' 까지의 모음자 쓰기 순서를 알아 봅시다.

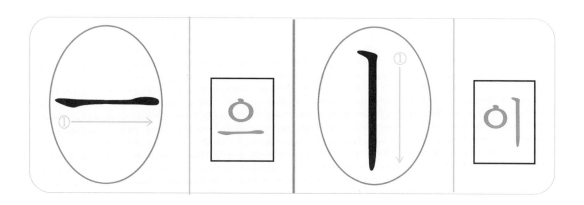

☆ '一~ㅣ'를 예쁘게 따라 써 봅시다.

| 一 | 一 | 一 | 一 | 一 | 一 | 一 | 一 |
|---|---|---|---|---|---|---|---|
| ㅣ | ㅣ | ㅣ | ㅣ | ㅣ | ㅣ | ㅣ | ㅣ |

☆ '一 ~ ㅣ'까지의 모음자를 익히며 예쁘게 따라 써 봅시다.

| 은 | 빛 | | |
| 은 | 하 | 수 |
| 음 | 악 | | |
| 음 | 식 | | |

☆ 'ㅡ ~ ㅣ'까지의 모음자를 익히며 예쁘게 따라 써 봅시다.

이슬

이름

이빨

이리

✰그림을 보고 서로 알맞은 것끼리 선으로 연결하여
봅시다.

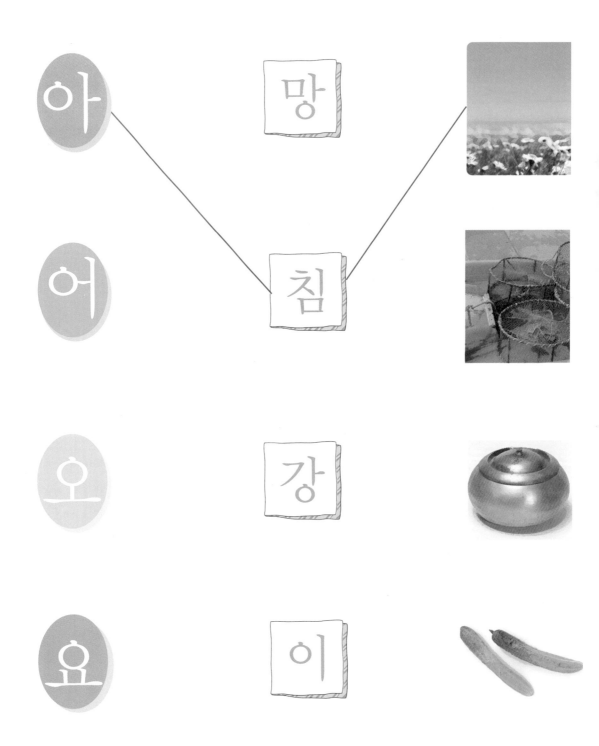

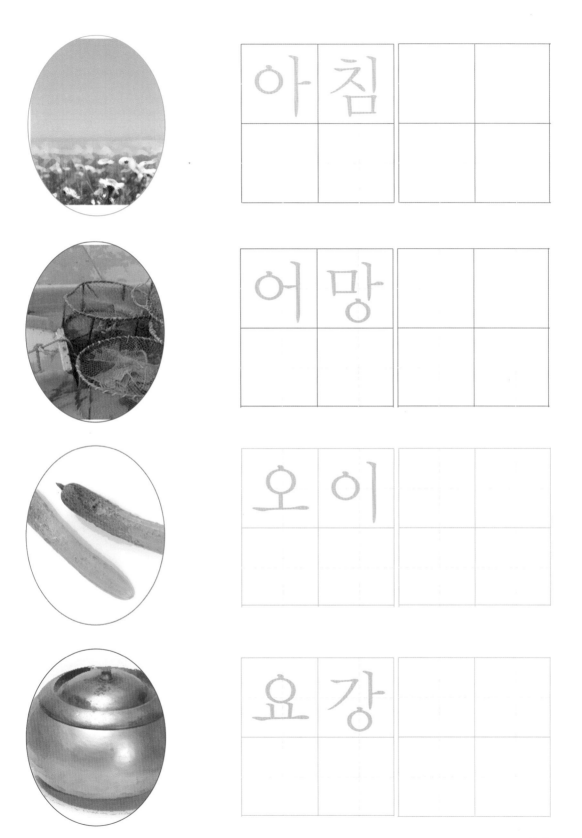

아침

어망

오이

요강

✮ 다람이가 그림책에서 본 것입니다. 그림을 보고 알맞은 글자를 써 넣어 주세요.

| 사다리 | 바다 | 너구리 | 교실 |
| 실내화 | 바구니 | 연필 | 필통 |

교

내

화

연

통

다

구
니

사
다
너 구

33

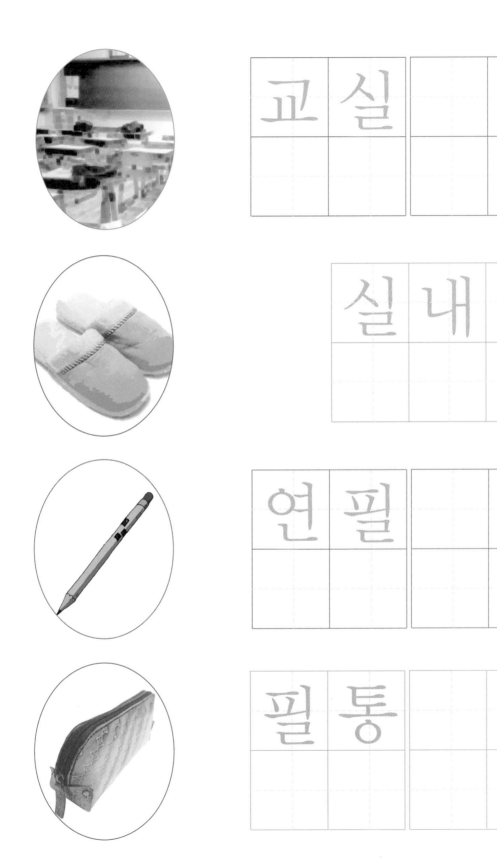

교 실

실 내 화

연 필

필 통

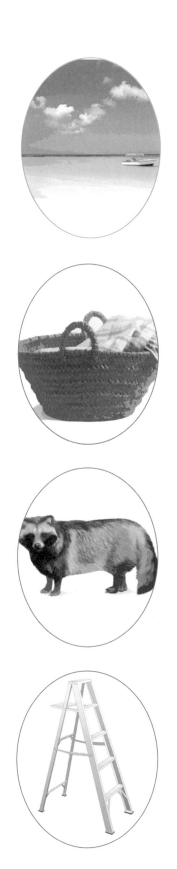

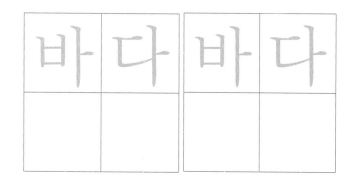

바다 바다

바구니

너구리

사다리

★ 그림을 보고 서로 알맞은 것끼리 선으로 연결하여
봅시다.

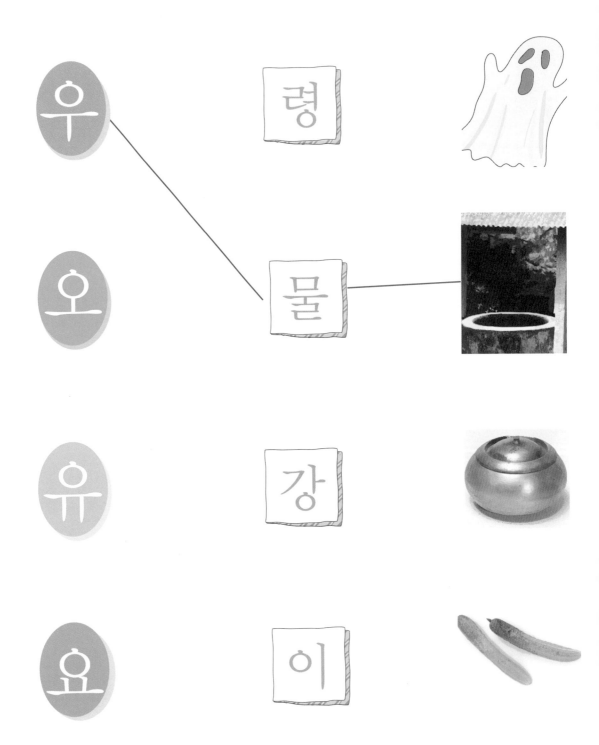

| 우 | 물 |  |  |
|---|---|---|---|
|  |  |  |  |

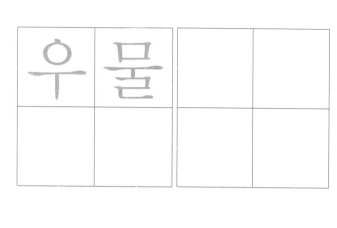

| 우 | 박 |  |  |
|---|---|---|---|
|  |  |  |  |

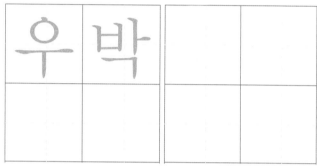

| 유 | 모 | 차 |
|---|---|---|
|  |  |  |

| 유 | 령 |  |  |
|---|---|---|---|
|  |  |  |  |

✱가로,세로 퍼즐을 풀고 오른쪽에 예쁘게 따라 써 봅시다.

> 다리　할머니　기타　파리　파도
> 타잔　조개　할미꽃　판다　타조

☆ 다음 낱말을 예쁘게 따라 써 봅시다.

| 판 | 다 | | |
|---|---|---|---|
| | | | |

| 다 | 리 | | |
|---|---|---|---|
| | | | |

| 할 | 미 | 꽃 |
|---|---|---|
| | | |

| 할 | 머 | 니 |
|---|---|---|
| | | |

⭐ 아래에서 같은 모음이 들어간 글자를 서로 선으로 연결해 봅시다.

ㅓ  ㅕ  ㅗ  ㅠ

어  보  여  유

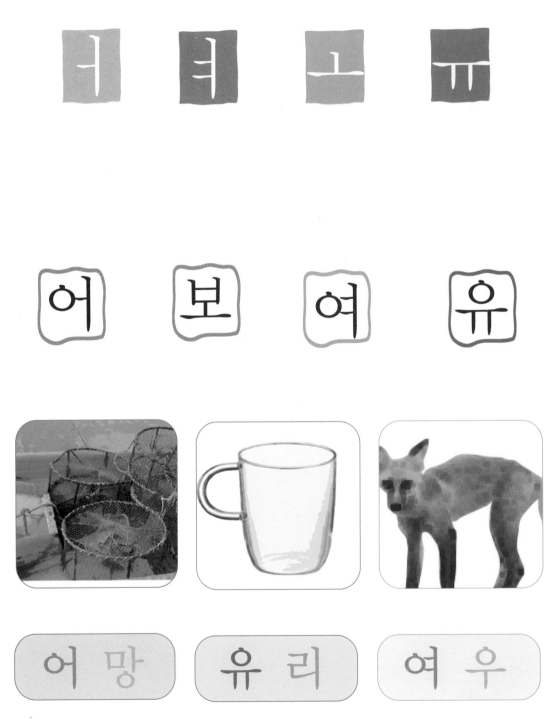

어망  유리  여우

☆ '어~ㅗ'까지의 모음자를 익히며 예쁘게 따라 써 봅시다.

| 어 | 망 | | |
| --- | --- | --- | --- |
| | | | |

| 여 | 우 | | |
| --- | --- | --- | --- |
| | | | |

| 유 | 리 | | |
| --- | --- | --- | --- |
| | | | |

| 오 | 징 | 어 |
| --- | --- | --- |
| | | |

☆ 아래에서 같은 모음이 들어간 글자를 서로 선으로 연결해 봅시다.

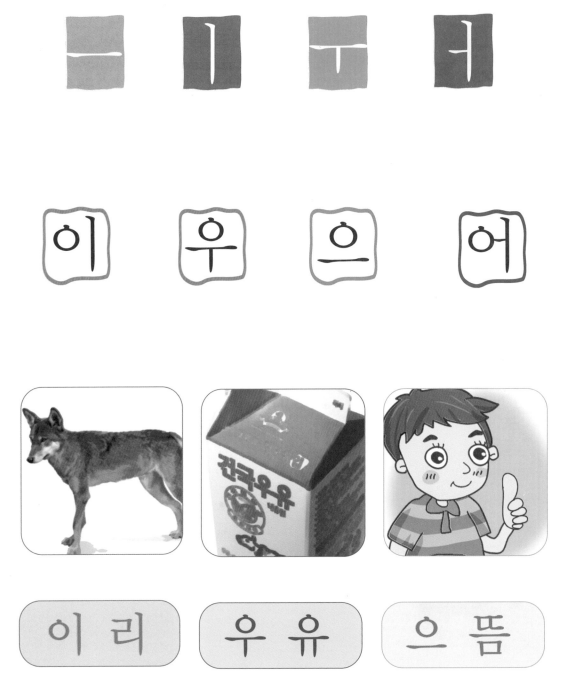

이 우 으 어

이 리        우 유        으 뜸

☆ 'ㅜ~ㅣ'까지의 모음자를 익히며 예쁘게 따라 써 봅시다.

| 이 | 리 | | |
|---|---|---|---|
| | | | |

| 우 | 유 | | |
|---|---|---|---|
| | | | |

| 으 | 뜸 | | |
|---|---|---|---|
| | | | |

| 유 | 치 | 원 |
|---|---|---|
| | | |

⭐자음자와 모음자를 짝지워 낱말을 만들어 봅시다.

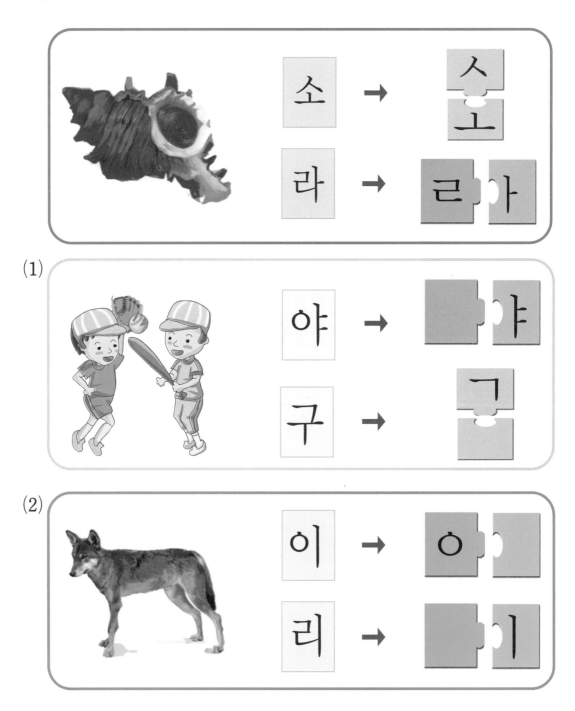

(1)

(2)

☆만들어진 낱말을 예쁘게 따라 써 봅시다.

소 라

야 구

이 리

★자음자와 모음자를 짝지워 낱말을 만들어 봅시다.

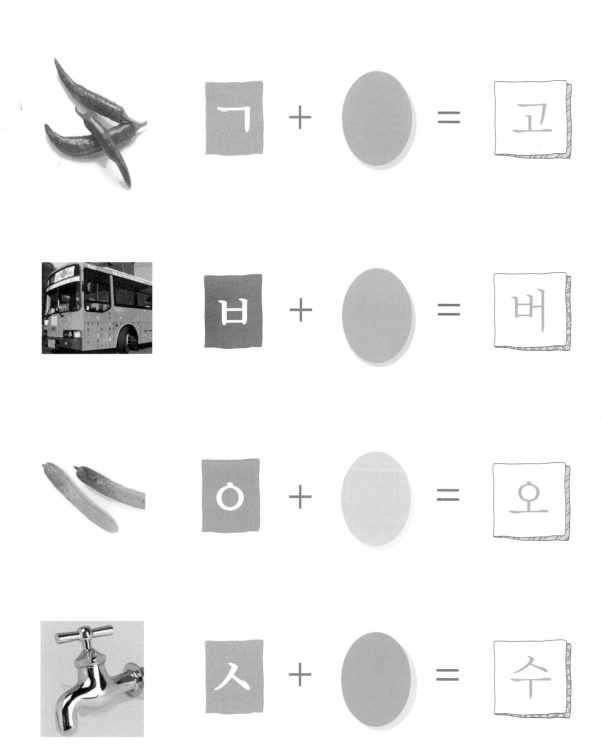

ㄱ + ⬭ = 고

ㅂ + ⬭ = 버

ㅇ + ⬭ = 오

ㅅ + ⬭ = 수

☆낱말을 예쁘게 따라 써 봅시다.

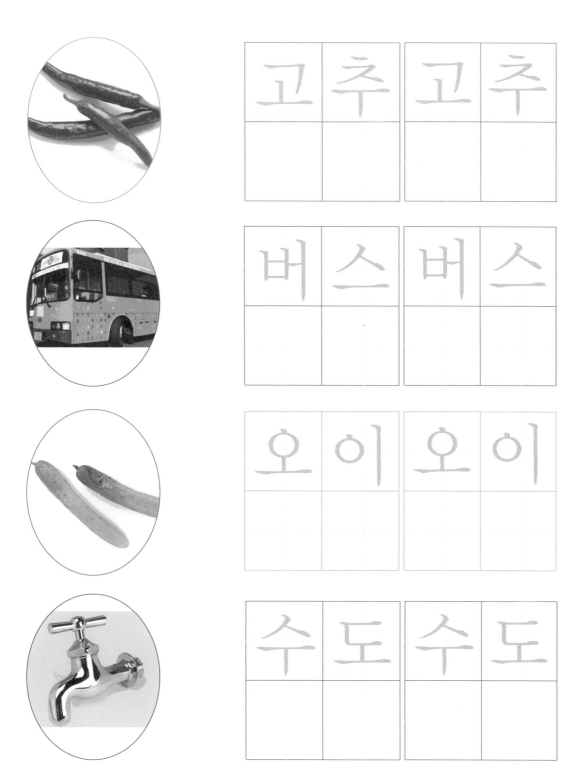

| 고 | 추 | 고 | 추 |
| --- | --- | --- | --- |
|  |  |  |  |

| 버 | 스 | 버 | 스 |
| --- | --- | --- | --- |
|  |  |  |  |

| 오 | 이 | 오 | 이 |
| --- | --- | --- | --- |
|  |  |  |  |

| 수 | 도 | 수 | 도 |
| --- | --- | --- | --- |
|  |  |  |  |

★자음자와 모음자를 짝지워 낱말을 만들어 봅시다.

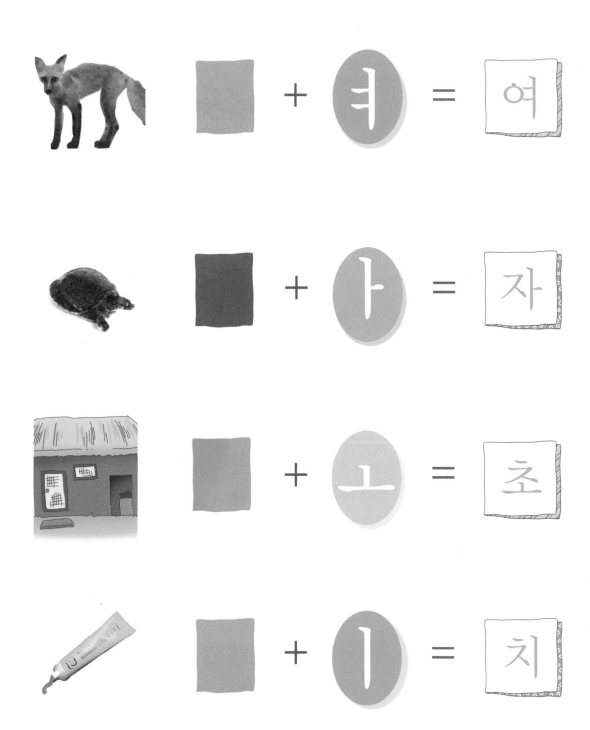

☆ 만들어진 낱말을 예쁘게 따라 써 봅시다.

여우

자라

초가

치약

★보기와 같이 자음자와 모음자를 짝지워 받침이 있는 낱말을 만들어 봅시다.

보기

ㄱ + ㅗ + ㅇ = 공

ㅇ + ○ + ㄴ = 인

ㅅ + ㅏ + □ = 삼

ㅇ + ㅕ + □ = 연

ㅍ + ㅣ + □ = 필

☆만들어진 낱말을 예쁘게 따라 써 봅시다.

공 공

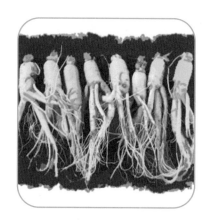

인 삼

연 필

★ 자음자와 모음자를 짝지워 낱말을 만들어 봅시다.

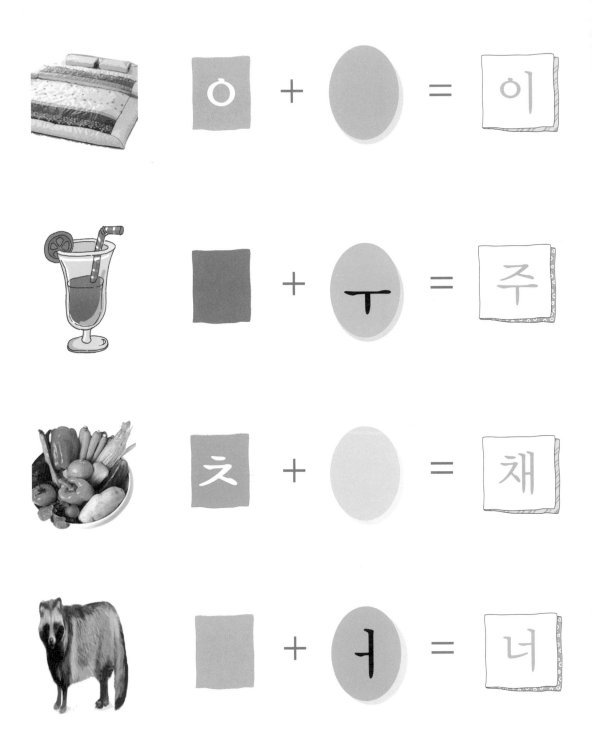

ㅇ + ● = 이

■ + ㅜ = 주

ㅊ + ● = 채

■ + ㅓ = 너

★만들어진 낱말을 예쁘게 따라 써 봅시다.

이불

주스

채소

치마

✿ 보기와 같이 글자에 받침을 더하여 새로운 글자를
만들고 읽어 봅시다.

☆만들어진 낱말을 예쁘게 따라 써 봅시다.

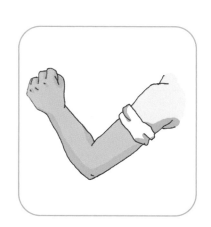

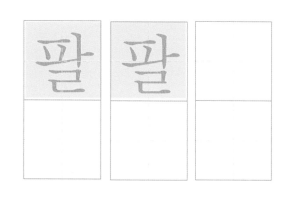

★자음과 모음을 넣어 다음의 낱말을 완성하여 봅시다.

하 마

만든 낱말

고 래

만든 낱말

거 미

만든 낱말

| 하 | 마 |  |  |
|---|---|---|---|
|  |  |  |  |

| 고 | 래 |  |  |
|---|---|---|---|
|  |  |  |  |

| 거 | 미 |  |  |
|---|---|---|---|
|  |  |  |  |

## 4.문장 쓰기

★다음 빈칸에 들어갈 낱말을 아래에 써 봅시다.

바람이 [ ][ ]

비가 [ ][ ]

분

온

참새가 [ ][ ]

꽃이 [ ][ ][ ]

운

피었

 바람이 분다

 비가 온다

 참새가 운다

 꽃이 피었다

☆빈칸에 들어간 낱말을 아래에 따라 써 봅시다.

국어 ☐☐

아기가 ☐☐

시

잔

파도가 ☐☐

불이 ☐☐

친

났

☆빈칸에 들어간 낱말을 아래에 따라 써 봅시다.

국어      시 간

아기가      잔 다

파도가      친 다

불이      났 다

★다음 빈칸에 알맞은 글자를 써 봅시다.

말이

뛴

아빠의

생

밥을

먹는

둘은

친구

★빈칸에 들어간 낱말을 아래에 따라 써 봅시다.

말이    뛴다

아빠의   생일

밥을    먹는다

둘은    친구다

바람이　분다.
바람이　분다.
바람이　분다.

비가　온다.
비가　온다.
비가　온다.

참새가　운다.
참새가　운다.
참새가　운다.

꽃이 피었다.
꽃이 피었다.
꽃이 피었다.

국어 시간이다.
국어 시간이다.
국어 시간이다.

아기가 잔다.
아기가 잔다.
아기가 잔다.

★글을 예쁘게 따라 써 봅시다.

파도가 친다.
파도가 친다.
파도가 친다.

불이 났다.
불이 났다.
불이 났다.

참새가 운다.
참새가 운다.
참새가 운다.

66

말이 뛴다.
말이 뛴다.
말이 뛴다.

아빠의 생일이다.
아빠의 생일이다.
아빠의 생일이다.

밥을 먹는다.
밥을 먹는다.
밥을 먹는다.

★글을 읽고 다음에 예쁘게 따라 써 보세요.

국어 나-162쪽

# 구름 놀이

한태희

예쁜 꽃이 피었습니다.

깡충깡충.

아, 토끼야,너였구나.

내가 언덕을 만들어 줄테니 쉬어서 가렴.

폴짝폴짝!

토끼야, 왜 그렇게 도망가니?

좀 더 놀다가 가렴.

# 강아지 복실이

한미호

누나는 생일 선물로 강아지를 받았어요.

강아지 이름은 복실이예요.

복실이는 조그맣고, 따뜻하고, 간지러워요.

누나가 새 크레파스를 빌려 달래요.

"싫어, 누나 것도 있잖아."

"그래? 그럼 너 이제부터 복실이랑 놀지 마."

★글자를 예쁘게 따라 써 봅시다.

예쁜 꽃이 피었습니다.

| 예 | 쁜 | | 꽃 | 이 | | 피 | 었 | 습 | 니 |
|---|---|---|---|---|---|---|---|---|---|
| 예 | 쁜 | | 꽃 | 이 | | 피 | 었 | 습 | 니 |
| 예 | 쁜 | | 꽃 | 이 | | 피 | 었 | 습 | 니 |

아, 토끼야, 너였구나.

| 아 | , | 토 | 끼 | 야 | , | 너 | 였 | 구 | 나 | . |
|---|---|---|---|---|---|---|---|---|---|---|
| 아 | , | 토 | 끼 | 야 | , | 너 | 였 | 구 | 나 | . |
| 아 | , | 토 | 끼 | 야 | , | 너 | 였 | 구 | 나 | . |

내가 언덕을 만들어

| 내 | 가 | | 언 | 덕 | 을 | | 만 | 들 | 어 |
|---|---|---|---|---|---|---|---|---|---|
| 내 | 가 | | 언 | 덕 | 을 | | 만 | 들 | 어 |
| 내 | 가 | | 언 | 덕 | 을 | | 만 | 들 | 어 |

줄테니 쉬어서 가렴.

| 줄 | 테 | 니 | | 쉬 | 어 | 서 | | 가 | 렴 | . |
| 줄 | 테 | 니 | | 쉬 | 어 | 서 | | 가 | 렴 | . |
| 줄 | 테 | 니 | | 쉬 | 어 | 서 | | 가 | 렴 | . |

토끼야, 왜 그렇게 도망가니?

| 토 | 끼 | 야 | , | 왜 | | 그 | 렇 | 게 | |
| 토 | 끼 | 야 | , | 왜 | | 그 | 렇 | 게 | |
| 토 | 끼 | 야 | , | 왜 | | 그 | 렇 | 게 | |

좀 더 놀다가 가렴.

| 좀 | | 더 | | 놀 | 다 | 가 | | 가 | 렴 | . |
| 좀 | | 더 | | 놀 | 다 | 가 | | 가 | 렴 | . |
| 좀 | | 더 | | 놀 | 다 | 가 | | 가 | 렴 | . |

★글자를 예쁘게 따라 써 봅시다.

누나는 생일 선물로 강아지를 받았어요.

| 누나는 | 생일 | 선물로 |
|---|---|---|
| 누나는 | 생일 | 선물로 |
| 누나는 | 생일 | 선물로 |

| 강아지를 | 받았어요. |
|---|---|
| 강아지를 | 받았어요. |
| 강아지를 | 받았어요. |

강아지 이름은 복실이예요.

| 강아지 | 이름은 | 복실 |
|---|---|---|
| 강아지 | 이름은 | 복실 |
| 강아지 | 이름은 | 복실 |

☆글자를 예쁘게 따라 써 봅시다.

복실이는 조그맣고, 따뜻하고, 간지러워요.

| 복 | 실 | 이 | 는 | | 조 | 그 | 맣 | 고 | , |
| 복 | 실 | 이 | 는 | | 조 | 그 | 맣 | 고 | , |
| 복 | 실 | 이 | 는 | | 조 | 그 | 맣 | 고 | , |

| 따 | 뜻 | 하 | 고 | , | 간 | 지 | 러 | 워 | 요 | . |
| 따 | 뜻 | 하 | 고 | , | 간 | 지 | 러 | 워 | 요 | . |
| 따 | 뜻 | 하 | 고 | , | 간 | 지 | 러 | 워 | 요 | . |

누나가 새 크레파스를 빌려 달래요.

| 누 | 나 | 가 | | 새 | | 크 | 레 | 파 | 스 |
| 누 | 나 | 가 | | 새 | | 크 | 레 | 파 | 스 |
| 누 | 나 | 가 | | 새 | | 크 | 레 | 파 | 스 |

# 4. 문장 부호

1. 문장 부호의 이름과 쓰임을 알아 보세요.

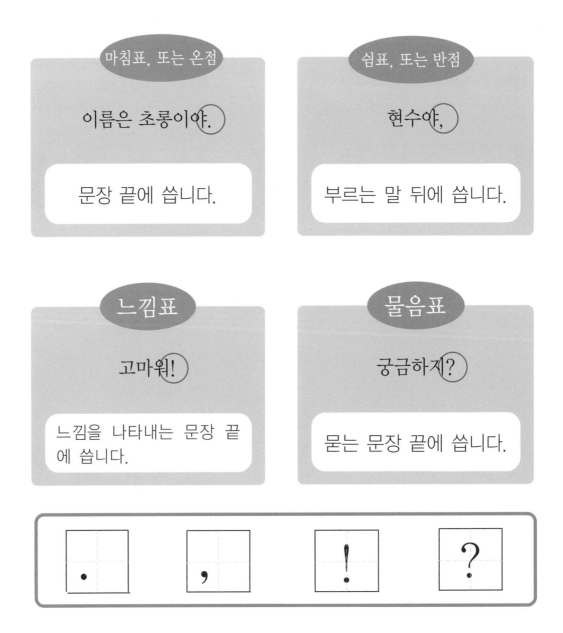

마침표, 또는 온점

이름은 초롱이야.

문장 끝에 씁니다.

쉼표, 또는 반점

현수야,

부르는 말 뒤에 씁니다.

느낌표

고마워!

느낌을 나타내는 문장 끝에 씁니다.

물음표

궁금하지?

묻는 문장 끝에 씁니다.

☆ 문장 부호는 어디에 쓰는지 주의하며 따라 써 보세요.

우리, 힘을 합칠까?

| 우 | 리 | , | | 힘 | 을 | | 합 | 칠 | 까 | ? |
|---|---|---|---|---|---|---|---|---|---|---|
| 우 | 리 | , | | 힘 | 을 | | 합 | 칠 | 까 | ? |
| 우 | 리 | , | | 힘 | 을 | | 합 | 칠 | 까 | ? |

현수야, 놀러가자.

| 현 | 수 | 야 | , | 놀 | 러 | 가 | 자 | . | |
|---|---|---|---|---|---|---|---|---|---|
| 현 | 수 | 야 | , | 놀 | 러 | 가 | 자 | . | |
| 현 | 수 | 야 | , | 놀 | 러 | 가 | 자 | . | |

어머니! 제가 왔어요.

| 어 | 머 | 니 | ! | | 제 | 가 | | 왔 | 어 |
|---|---|---|---|---|---|---|---|---|---|
| 어 | 머 | 니 | ! | | 제 | 가 | | 왔 | 어 |
| 어 | 머 | 니 | ! | | 제 | 가 | | 왔 | 어 |

★문장 부호는 어디에 쓰는지 주의하며 따라 써 보세요.

기운을  차리세요.
기운을  차리세요.
기운을  차리세요.

옛날, 금강산  어느
옛날, 금강산  어느
옛날, 금강산  어느

어찌  보낸단  말이냐?
어찌  보낸단  말이냐?
어찌  보낸단  말이냐?

어머니! 제가 왔어
어머니! 제가 왔어
어머니! 제가 왔어

잠이 들었어요.
잠이 들었어요.
잠이 들었어요.

안 돼, 활을 쏘면 안
안 돼, 활을 쏘면 안

★ 아래 문장에 알맞은 문장부호를 보기에서 찾아 빈칸에 쓰세요

1. 영수야, 안녕 □

ㄱ. 아,유진이구나 □

2. 민지야, 잘 있었니 □

ㄴ. 응, 너도 잘 있었니 □

3. 아우야 □

ㄷ. 형님 □ 여기 계셨군요.

4. 어머님이 싸 주신 떡이에요 □

ㄹ. 그래, 마침 배고프던 참이었는데 □

보기  ! ? , .

☆ 문장 부호는 어디에 쓰는지 주의하며 따라 써 보세요.

영수야, 안녕!
영수야, 안녕!
영수야, 안녕!

옛날, 금강산 어느
옛날, 금강산 어느
옛날, 금강산 어느

어찌 보낸단 말이냐?
어찌 보낸단 말이냐?
어찌 보낸단 말이냐?

## 6.인사말

★보기에서 알맞은 인사말을 골라 빈칸에 써 넣으세요.

**보기**

1.할아버지 할머니 그동안 건강하셨어요?

2.선생님, 안녕하세요?

3.영이야,안녕,그동안 잘 있었니?

4.영이야, 잘가.

1. 오래만에 할머니,할아버지를 뵈었을 때.

응! 영수구나, 그동안 많이 컸구나.

2. 학교 운동장에서 선생님
을 만났을 때.

영수야,
어서 오렴.

3. 학교 운동장에서 며칠 못 보
던 친구를 만났을 때.

응, 철수야,
안녕!

4. 학교 공부를 마치고
집으로 돌아갈 때.

그래, 내일
또 봐.

★다음 서로 알맞은 것끼리 선으로 연결해 보세요.

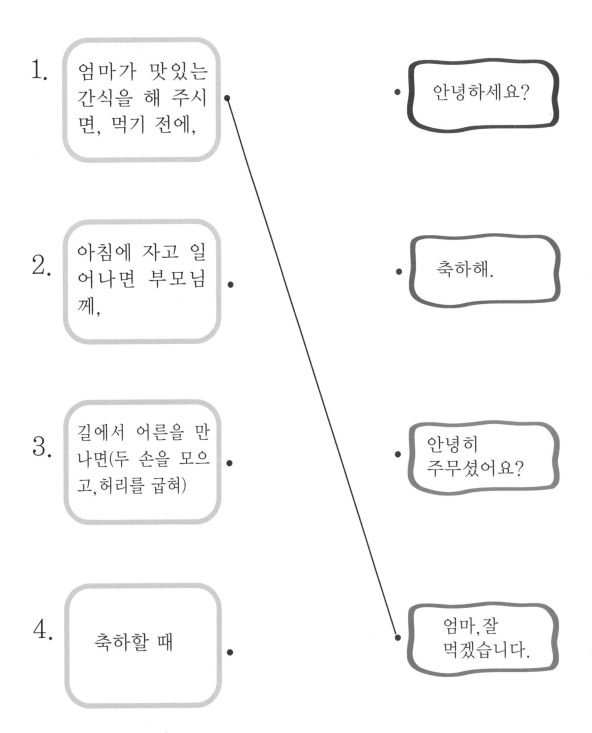

1. 엄마가 맛있는 간식을 해 주시면, 먹기 전에,

2. 아침에 자고 일어나면 부모님께,

3. 길에서 어른을 만나면(두 손을 모으고, 허리를 굽혀)

4. 축하할 때

안녕하세요?

축하해.

안녕히 주무셨어요?

엄마, 잘 먹겠습니다.

5.
고마운 마음을
나타낼 때,

•

•
안녕, 내일
보자.

6.
이웃집 어른을
만났을 때,

•

•
다녀오겠습니다.

7.
바깥에 나갈 때

•

•
고맙습니다.

8.
헤어질 때

•

•
안녕하세요?

★인사말을 예쁘게 따라 써 봅시다.

안녕하세요?

| 안 | 녕 | 하 | 세 | 요 | ? | | | | |
|---|---|---|---|---|---|---|---|---|---|
| 안 | 녕 | 하 | 세 | 요 | ? | | | | |
| 안 | 녕 | 하 | 세 | 요 | ? | | | | |

축하해.

| 축 | 하 | 해 | . | | | | | | |
|---|---|---|---|---|---|---|---|---|---|
| 축 | 하 | 해 | . | | | | | | |
| 축 | 하 | 해 | . | | | | | | |

안녕히 주무셨어요?

| 안 | 녕 | 히 | | 주 | 무 | 셨 | 어 | 요 | ? |
|---|---|---|---|---|---|---|---|---|---|
| 안 | 녕 | 히 | | 주 | 무 | 셨 | 어 | 요 | ? |
| 안 | 녕 | 히 | | 주 | 무 | 셨 | 어 | 요 | ? |

엄마, 잘 먹겠습니다.

| 엄 | 마 | , | 잘 | | 먹 | 겠 | 습 | 니 | 다 | . |
|---|---|---|---|---|---|---|---|---|---|---|
| 엄 | 마 | , | 잘 | | 먹 | 겠 | 습 | 니 | 다 | . |
| 엄 | 마 | , | 잘 | | 먹 | 겠 | 습 | 니 | 다 | . |

안녕, 내일 보자.

| 안 | 녕 | , | 내 | 일 | | 보 | 자 | . | |
|---|---|---|---|---|---|---|---|---|---|
| 안 | 녕 | , | 내 | 일 | | 보 | 자 | . | |
| 안 | 녕 | , | 내 | 일 | | 보 | 자 | . | |

다녀오겠습니다.

| 다 | 녀 | 오 | 겠 | 습 | 니 | 다 | . | | |
|---|---|---|---|---|---|---|---|---|---|
| 다 | 녀 | 오 | 겠 | 습 | 니 | 다 | . | | |
| 다 | 녀 | 오 | 겠 | 습 | 니 | 다 | . | | |

국어 가-110쪽

# 밤길

김종상

어두운 밤길에서

넘어질까 봐,

달님이 따라오며

비추어 줘요.


혼자서 걸어가면

심심할까 봐, 개구리 개굴개굴

노래해 줘요.

밤길
밤길

김종상
김종상

어두운 밤길에서
어두운 밤길에서

넘어질까 봐,
넘어질까 봐,

달님이 따라오며

★ 글씨를 예쁘게 따라 써 봅시다.

달님이 따라오며

비추어 줘요.
비추어 줘요.

혼자서 걸어가면
혼자서 걸어가면

심심할까 봐, 개
심심할까 봐, 개

구리 개굴개굴
구리 개굴개굴

★ 글을 읽고 다음에 예쁘게 따라 써 보세요.

국어 가-112쪽

# 이가 아파서 치과에 가요

한규호

자라가 이가 아파서 치과에 가요.

느리게 기어가다가 토끼와 마주쳐요.

"자라야, 어디 가니?"

"이가 너무 아파서 치과에 가요."

"내가 치과에 데려다줄게."

토끼가 너무 서두르다가 다쳐요.

"아야, 아야, 다리가 너무 아파!"

토끼가 아파해요.

그때, 노루가 뛰어와서 도와줘요.

89

"토끼야, 왜 우니?"

"다리가 너무 아파요."

"다리가 아프다고?

내가 외과에 데려다 주마.

토끼야, 어서 타거라.

자라야, 너도 타려무나."

"고마워요, 노루 아저씨."

이가 아파서

치과에 가요

자라가 이가 아파

서 치과에 가요.

느리게 기어가다가

느리게 기어가다가

토끼와 마주쳐요.
토끼와 마주쳐요.

"자라야, 어디 가니?
"자라야, 어디 가니?

"이가 너무 아파
"이가 너무 이파

서 치과에 가요."
서 치과에 가요."

"내가 치과에 데

려다줄게."

토끼가 너무 서두

르다가 다쳐요.

"아야, 아야, 다리

★글자를 예쁘게 따라 써 봅시다.

"토끼야, 왜 우니?"

| " | 토 | 끼 | 야 | , | | 왜 | | 우 | 니 | ?" |
|---|---|---|---|---|---|---|---|---|---|---|
| " | 토 | 끼 | 야 | , | | 왜 | | 우 | 니 | ?" |
| " | 토 | 끼 | 야 | , | | 왜 | | 우 | 니 | ?" |

"다리가 너무 아파요."

| " | 다 | 리 | 가 | | 너 | 무 | | 아 | 파 |
|---|---|---|---|---|---|---|---|---|---|
| " | 다 | 리 | 가 | | 너 | 무 | | 아 | 파 |
| " | 다 | 리 | 가 | | 너 | 무 | | 아 | 파 |

"다리가 아프다고?

| " | 다 | 리 | 가 | | 아 | 프 | 다 | 고 | ? |
|---|---|---|---|---|---|---|---|---|---|
| " | 다 | 리 | 가 | | 아 | 프 | 다 | 고 | ? |
| " | 다 | 리 | 가 | | 아 | 프 | 다 | 고 | ? |

내가 외과에 데려다 주마.

| 내가 | | 외과에 | | 데려다 |
|---|---|---|---|---|
| 내가 | | 외과에 | | 데려다 |
| 내가 | | 외과에 | | 데려다 |

토끼야, 어서 타거라.

| 토끼야, | | 어서 | | 타거라 | . |
|---|---|---|---|---|---|
| 토끼야, | | 어서 | | 타거라 | . |
| 토끼야, | | 어서 | | 타거라 | . |

자라야, 너도 타려무나."

| 자라야, | | 너도 | | 타려무 |
|---|---|---|---|---|
| 자라야, | | 너도 | | 타려무 |
| 자라야, | | 너도 | | 타려무 |

★다음은 새롬이가 학교 운동장에서 본 것들입니다. 이를 아래에 예쁘게 따라 써 봅시다.

| 시 소 | 그 네 | 철 봉 | 모 래 판 |
|---|---|---|---|
| 시 소 | 그 네 | 철 봉 | 모 래 판 |
| 시 소 | 그 네 | 철 봉 | 모 래 판 |
|   |   |   |   |

✪새롬이가 학교 운동장에서 본 것들입니다.

| 교 | 문 |
|---|---|
| 교 | 문 |
| 교 | 문 |
| | |

| 교 | 단 |
|---|---|
| 교 | 단 |
| 교 | 단 |
| | |

| 교 | 실 |
|---|---|
| 교 | 실 |
| 교 | 실 |
| | |

| 운 | 동 | 장 |
|---|---|---|
| 운 | 동 | 장 |
| 운 | 동 | 장 |
| | | |

| 꽃 | 밭 |
|---|---|
| 꽃 | 밭 |
| 꽃 | 밭 |
| | |

| 축 | 구 | 공 |
|---|---|---|
| 축 | 구 | 공 |
| 축 | 구 | 공 |
| | | |

| 미 | 끄 | 럼 | 틀 |
|---|---|---|---|
| 미 | 끄 | 럼 | 틀 |
| 미 | 끄 | 럼 | 틀 |
| | | | |

★ 새롬이가 교실에서 본 것들입니다.

| 칠 | 판 |
|---|---|
| 칠 | 판 |
| 칠 | 판 |
| | |
| | |

| 책 | 상 |
|---|---|
| 책 | 상 |
| 책 | 상 |
| | |
| | |

| 의 | 자 |
|---|---|
| 의 | 자 |
| 의 | 자 |
| | |
| | |

| 게 | 시 | 판 |
|---|---|---|
| 게 | 시 | 판 |
| 게 | 시 | 판 |
| | | |
| | | |

| 가 | 방 |
|---|---|
| 가 | 방 |
| 가 | 방 |
| | |
| | |

| 공 | 책 |
|---|---|
| 공 | 책 |
| 공 | 책 |
| | |
| | |

| 필 | 통 |
|---|---|
| 필 | 통 |
| 필 | 통 |
| | |
| | |

| 국 | 어 | 책 |
|---|---|---|
| 국 | 어 | 책 |
| 국 | 어 | 책 |
| | | |
| | | |

☆새롬이가 교실에서 본 것들입니다.

 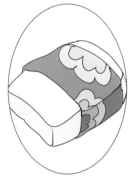  

| 연 | 필 |
|---|---|
| 연 | 필 |
| 연 | 필 |
| | |

| 지 | 우 | 개 |
|---|---|---|
| 지 | 우 | 개 |
| 지 | 우 | 개 |
| | | |

| 화 | 병 |
|---|---|
| 화 | 병 |
| 화 | 병 |
| | |

| 창 | 문 |
|---|---|
| 창 | 문 |
| 창 | 문 |
| | |

| 봄 | 꽃 |
|---|---|
| 봄 | 꽃 |
| 봄 | 꽃 |
| | |

| 실 | 내 | 화 |
|---|---|---|
| 실 | 내 | 화 |
| 실 | 내 | 화 |
| | | |

| 진 | 달 | 래 | 꽃 |
|---|---|---|---|
| 진 | 달 | 래 | 꽃 |
| 진 | 달 | 래 | 꽃 |
| | | | |

★다음은 새롬이가 동물원에서 본 동물들입니다. 이름을 아래에 예쁘게 따라 써 봅시다.

| 너 | 구 | 리 | 다 | 람 | 쥐 | 코 | 끼 | 리 |
|---|---|---|---|---|---|---|---|---|
| 너 | 구 | 리 | 다 | 람 | 쥐 | 코 | 끼 | 리 |
| 너 | 구 | 리 | 다 | 람 | 쥐 | 코 | 끼 | 리 |
|   |   |   |   |   |   |   |   |   |

☆새롬이가 동물원에서  본 동물들입니다.

| 사 | 슴 |
|---|---|
| 사 | 슴 |
| 사 | 슴 |
|  |  |

| 오 | 리 |
|---|---|
| 오 | 리 |
| 오 | 리 |
|  |  |

| 여 | 우 |
|---|---|
| 여 | 우 |
| 여 | 우 |
|  |  |

| 호 | 랑 | 이 |
|---|---|---|
| 호 | 랑 | 이 |
| 호 | 랑 | 이 |
|  |  |  |

| 사 | 자 |
|---|---|
| 사 | 자 |
| 사 | 자 |
|  |  |

| 흰 | 곰 |
|---|---|
| 흰 | 곰 |
| 흰 | 곰 |
|  |  |

| 노 | 루 |
|---|---|
| 노 | 루 |
| 노 | 루 |
|  |  |

| 원 | 숭 | 이 |
|---|---|---|
| 원 | 숭 | 이 |
| 원 | 숭 | 이 |
|  |  |  |

★다음은 새롬이가 동네에서 본 것들입니다. 이들의
이름을 아래에 예쁘게 따라 써 봅시다.

| 택 | 시 | 버 | 스 | 학 | 원 | 신 | 호 | 등 |
|---|---|---|---|---|---|---|---|---|
| 택 | 시 | 버 | 스 | 학 | 원 | 신 | 호 | 등 |
| 택 | 시 | 버 | 스 | 학 | 원 | 신 | 호 | 등 |
|  |  |  |  |  |  |  |  |  |
|  |  |  |  |  |  |  |  |  |

✪ 새롬이가 동네에서 본 것들입니다.

| 아 | 기 |
|---|---|
| 아 | 기 |
| 아 | 기 |
| | |

| 유 | 치 | 원 |
|---|---|---|
| 유 | 치 | 원 |
| 유 | 치 | 원 |
| | | |

| 어 | 린 | 이 | 집 |
|---|---|---|---|
| 어 | 린 | 이 | 집 |
| 어 | 린 | 이 | 집 |
| | | | |

| 슈 | 퍼 |
|---|---|
| 슈 | 퍼 |
| 슈 | 퍼 |
| | |

| 편 | 의 | 점 |
|---|---|---|
| 편 | 의 | 점 |
| 편 | 의 | 점 |
| | | |

| 오 | 토 | 바 | 이 |
|---|---|---|---|
| 오 | 토 | 바 | 이 |
| 오 | 토 | 바 | 이 |
| | | | |

★ 다음은 새롬이의 가족과 친구들입니다. 이들의 이름을 아래에 예쁘게 따라 써 봅시다.

| 아빠 | 엄마 | 오빠 | 언니 |
|------|------|------|------|
| 아빠 | 엄마 | 오빠 | 언니 |
| 아빠 | 엄마 | 오빠 | 언니 |
|      |      |      |      |

| 가 | 족 |
|---|---|
| 가 | 족 |
| 가 | 족 |
|  |  |

| 할 | 머 | 니 |
|---|---|---|
| 할 | 머 | 니 |
| 할 | 머 | 니 |
|  |  |  |

| 할 | 아 | 버 | 지 |
|---|---|---|---|
| 할 | 아 | 버 | 지 |
| 할 | 아 | 버 | 지 |
|  |  |  |  |

| 삼 | 촌 |
|---|---|
| 삼 | 촌 |
| 삼 | 촌 |
|  |  |

| 친 | 척 |
|---|---|
| 친 | 척 |
| 친 | 척 |
|  |  |

| 친 | 구 |
|---|---|
| 친 | 구 |
| 친 | 구 |
|  |  |

| 선 | 생 | 님 |
|---|---|---|
| 선 | 생 | 님 |
| 선 | 생 | 님 |
|  |  |  |

☆다음은 새롬이가 엄마를 따라 슈퍼에서 본 것들입니다. 이름을 아래에 예쁘게 따라 써 봅시다.

| 딸 | 기 | 배 | 추 | 옥 | 수 | 수 | 바 | 나 | 나 |
|----|----|----|----|----|----|----|----|----|----|
| 딸 | 기 | 배 | 추 | 옥 | 수 | 수 | 바 | 나 | 나 |
| 딸 | 기 | 배 | 추 | 옥 | 수 | 수 | 바 | 나 | 나 |
|    |    |    |    |    |    |    |    |    |    |

| 호 | 박 |
|---|---|
| 호 | 박 |
| 호 | 박 |
|   |   |
|   |   |

| 오 | 이 |
|---|---|
| 오 | 이 |
| 오 | 이 |
|   |   |
|   |   |

| 양 | 파 |
|---|---|
| 양 | 파 |
| 양 | 파 |
|   |   |
|   |   |

| 토 | 마 | 토 |
|---|---|---|
| 토 | 마 | 토 |
| 토 | 마 | 토 |
|   |   |   |
|   |   |   |

| 감 | 자 |
|---|---|
| 감 | 자 |
| 감 | 자 |
|   |   |
|   |   |

| 고 | 추 |
|---|---|
| 고 | 추 |
| 고 | 추 |
|   |   |
|   |   |

| 계 | 란 |
|---|---|
| 계 | 란 |
| 계 | 란 |
|   |   |
|   |   |

| 양 | 배 | 추 |
|---|---|---|
| 양 | 배 | 추 |
| 양 | 배 | 추 |
|   |   |   |
|   |   |   |

☆받침이 있는 글자를 익혀 봅시다.

| 산 | 새 |
|---|---|
| 산 | 새 |
| 산 | 새 |
|  |  |

| 상 | 어 |
|---|---|
| 상 | 어 |
| 상 | 어 |
|  |  |

| 신 | 발 |
|---|---|
| 신 | 발 |
| 신 | 발 |
|  |  |

| 소 | 방 | 차 |
|---|---|---|
| 소 | 방 | 차 |
| 소 | 방 | 차 |
|  |  |  |

| 여 | 름 |
|---|---|
| 여 | 름 |
| 여 | 름 |
|  |  |

| 복 | 숭 | 아 |
|---|---|---|
| 복 | 숭 | 아 |
| 복 | 숭 | 아 |
|  |  |  |

| 은 | 행 | 나 | 무 |
|---|---|---|---|
| 은 | 행 | 나 | 무 |
| 은 | 행 | 나 | 무 |
|  |  |  |  |

| 언 | 덕 |
|---|---|
| 언 | 덕 |
| 언 | 덕 |
| | |

| 돌 | 멩 | 이 |
|---|---|---|
| 돌 | 멩 | 이 |
| 돌 | 멩 | 이 |
| | | |

| 초 | 콜 | 릿 |
|---|---|---|
| 초 | 콜 | 릿 |
| 초 | 콜 | 릿 |
| | | |

| 얼 | 굴 |
|---|---|
| 얼 | 굴 |
| 얼 | 굴 |
| | |

| 버 | 섯 |
|---|---|
| 버 | 섯 |
| 버 | 섯 |
| | |

| 보 | 석 |
|---|---|
| 보 | 석 |
| 보 | 석 |
| | |

| 떡 | 볶 | 이 |
|---|---|---|
| 떡 | 볶 | 이 |
| 떡 | 볶 | 이 |
| | | |

★반침이 있는 글자를 익혀 봅시다.

| 있 | 다 |
|---|---|
| 있 | 다 |
| 있 | 다 |
| | |

| 벌 | 레 |
|---|---|
| 벌 | 레 |
| 벌 | 레 |
| | |

| 태 | 양 |
|---|---|
| 태 | 양 |
| 태 | 양 |
| | |

| 할 | 머 | 니 |
|---|---|---|
| 할 | 머 | 니 |
| 할 | 머 | 니 |
| | | |

| 탱 | 자 |
|---|---|
| 탱 | 자 |
| 탱 | 자 |
| | |

| 메 | 밀 | 묵 |
|---|---|---|
| 메 | 밀 | 묵 |
| 메 | 밀 | 묵 |
| | | |

| 민 | 물 | 고 | 기 |
|---|---|---|---|
| 민 | 물 | 고 | 기 |
| 민 | 물 | 고 | 기 |
| | | | |

| 사 | 막 |
|---|---|
| 사 | 막 |
| 사 | 막 |
|  |  |

| 지 | 렁 | 이 |
|---|---|---|
| 지 | 렁 | 이 |
| 지 | 렁 | 이 |
|  |  |  |

| 강 | 아 | 지 |
|---|---|---|
| 강 | 아 | 지 |
| 강 | 아 | 지 |
|  |  |  |

| 밖 | 에 |
|---|---|
| 밖 | 에 |
| 밖 | 에 |
|  |  |

| 풍 | 선 |
|---|---|
| 풍 | 선 |
| 풍 | 선 |
|  |  |

| 한 | 글 |
|---|---|
| 한 | 글 |
| 한 | 글 |
|  |  |

| 애 | 벌 | 레 |
|---|---|---|
| 애 | 벌 | 레 |
| 애 | 벌 | 레 |
|  |  |  |

★받침이 있는 글자를 익혀 봅시다.

| 펭 | 권 | 보 | 석 | 마 | 늘 | 하 | 늘 | 소 |
|---|---|---|---|---|---|---|---|---|
| 펭 | 권 | 보 | 석 | 마 | 늘 | 하 | 늘 | 소 |
| 펭 | 권 | 보 | 석 | 마 | 늘 | 하 | 늘 | 소 |
|   |   |   |   |   |   |   |   |   |

| 방 | 울 | 짧 | 아 | 요 | 괜 | 찮 | 아 | 요 |
|---|---|---|---|---|---|---|---|---|
| 방 | 울 | 짧 | 아 | 요 | 괜 | 찮 | 아 | 요 |
| 방 | 울 | 짧 | 아 | 요 | 괜 | 찮 | 아 | 요 |
|   |   |   |   |   |   |   |   |   |

| 큰 | 곰 |
|---|---|
| 큰 | 곰 |
| 큰 | 곰 |
| | |
| | |

| 종 | 달 | 새 |
|---|---|---|
| 종 | 달 | 새 |
| 종 | 달 | 새 |
| | | |
| | | |

| 왕 | 거 | 미 |
|---|---|---|
| 왕 | 거 | 미 |
| 왕 | 거 | 미 |
| | | |
| | | |

| 해 | 님 |
|---|---|
| 해 | 님 |
| 해 | 님 |
| | |

| 나 | 팔 |
|---|---|
| 나 | 팔 |
| 나 | 팔 |
| | |

| 산 | 소 |
|---|---|
| 산 | 소 |
| 산 | 소 |
| | |

| 민 | 들 | 레 |
|---|---|---|
| 민 | 들 | 레 |
| 민 | 들 | 레 |
| | | |

★이중 모음으로 된 낱말을 따라 써 봅시다.

| 쉽 | 게 |
|---|---|
| 쉽 | 게 |
| 쉽 | 게 |
| | |

| 말 | 해 |
|---|---|
| 말 | 해 |
| 말 | 해 |
| | |

| 내 | 용 |
|---|---|
| 내 | 용 |
| 내 | 용 |
| | |

| 뛰 | 어 | 와 |
|---|---|---|
| 뛰 | 어 | 와 |
| 뛰 | 어 | 와 |
| | | |

| 차 | 례 |
|---|---|
| 차 | 례 |
| 차 | 례 |
| | |

| 되 | 묻 | 다 |
|---|---|---|
| 되 | 묻 | 다 |
| 되 | 묻 | 다 |
| | | |

| 화 | 창 | 했 | 다 |
|---|---|---|---|
| 화 | 창 | 했 | 다 |
| 화 | 창 | 했 | 다 |
| | | | |

빨간불이니 멈추자.

| 옛 | 날 |
|---|---|
| 옛 | 날 |
| 옛 | 날 |
| | |

| 애 | 쓰 | 다 |
|---|---|---|
| 애 | 쓰 | 다 |
| 애 | 쓰 | 다 |
| | | |

| 외 | 치 | 다 |
|---|---|---|
| 외 | 치 | 다 |
| 외 | 치 | 다 |
| | | |

| 네 | 모 |
|---|---|
| 네 | 모 |
| 네 | 모 |
| | |

| 화 | 면 |
|---|---|
| 화 | 면 |
| 화 | 면 |
| | |

| 개 | 미 |
|---|---|
| 개 | 미 |
| 개 | 미 |
| | |

| 계 | 시 | 다 |
|---|---|---|
| 계 | 시 | 다 |
| 계 | 시 | 다 |
| | | |

★ 이중 모음으로 된 낱말을 따라 써 봅시다.

| 띄 | 다 |
|---|---|
| 띄 | 다 |
| 띄 | 다 |
|  |  |

| 날 | 개 |
|---|---|
| 날 | 개 |
| 날 | 개 |
|  |  |

| 위 | 에 |
|---|---|
| 위 | 에 |
| 위 | 에 |
|  |  |

| 생 | 김 | 새 |
|---|---|---|
| 생 | 김 | 새 |
| 생 | 김 | 새 |
|  |  |  |

| 관 | 심 |
|---|---|
| 관 | 심 |
| 관 | 심 |
|  |  |

| 선 | 생 | 님 |
|---|---|---|
| 선 | 생 | 님 |
| 선 | 생 | 님 |
|  |  |  |

| 벌 | 레 | 예 | 요 |
|---|---|---|---|
| 벌 | 레 | 예 | 요 |
| 벌 | 레 | 예 | 요 |
|  |  |  |  |

| 애 | 기 |
|---|---|
| 애 | 기 |
| 애 | 기 |
|  |  |

| 어 | 느 | 새 |
|---|---|---|
| 어 | 느 | 새 |
| 어 | 느 | 새 |
|  |  |  |

| 누 | 워 | 서 |
|---|---|---|
| 누 | 워 | 서 |
| 누 | 워 | 서 |
|  |  |  |

| 끝 | 내 |
|---|---|
| 끝 | 내 |
| 끝 | 내 |
|  |  |

| 쉬 | 지 |
|---|---|
| 쉬 | 지 |
| 쉬 | 지 |
|  |  |

| 환 | 자 |
|---|---|
| 환 | 자 |
| 환 | 자 |
|  |  |

| 때 | 로 | 는 |
|---|---|---|
| 때 | 로 | 는 |
| 때 | 로 | 는 |
|  |  |  |

★이중 모음으로 된 낱말을 따라 써 봅시다.

| 어 | 깨 |
|---|---|
| 어 | 깨 |
| 어 | 깨 |
| | |

| 뛰 | 고 |
|---|---|
| 뛰 | 고 |
| 뛰 | 고 |
| | |

| 병 | 원 |
|---|---|
| 병 | 원 |
| 병 | 원 |
| | |

| 괜 | 찮 | 다 |
|---|---|---|
| 괜 | 찮 | 다 |
| 괜 | 찮 | 다 |
| | | |

| 내 | 가 |
|---|---|
| 내 | 가 |
| 내 | 가 |
| | |

| 빙 | 그 | 레 |
|---|---|---|
| 빙 | 그 | 레 |
| 빙 | 그 | 레 |
| | | |

| 욕 | 심 | 쟁 | 이 |
|---|---|---|---|
| 욕 | 심 | 쟁 | 이 |
| 욕 | 심 | 쟁 | 이 |
| | | | |

| 동 | 네 |
|---|---|
| 동 | 네 |
| 동 | 네 |
| | |

| 손 | 수 | 레 |
|---|---|---|
| 손 | 수 | 레 |
| 손 | 수 | 레 |
| | | |

| 딸 | 기 | 잼 |
|---|---|---|
| 딸 | 기 | 잼 |
| 딸 | 기 | 잼 |
| | | |

| 돼 | 지 |
|---|---|
| 돼 | 지 |
| 돼 | 지 |
| | |

| 배 | 탈 |
|---|---|
| 배 | 탈 |
| 배 | 탈 |
| | |

| 당 | 황 |
|---|---|
| 당 | 황 |
| 당 | 황 |
| | |

| 다 | 람 | 쥐 |
|---|---|---|
| 다 | 람 | 쥐 |
| 다 | 람 | 쥐 |
| | | |

★받침이 두 개가 있는 글자를 익혀 봅시다.

| 많 | 이 |
|---|---|
| 많 | 이 |
| 많 | 이 |
| | |

| 없 | 는 |
|---|---|
| 없 | 는 |
| 없 | 는 |
| | |

| 밟 | 다 |
|---|---|
| 밟 | 다 |
| 밟 | 다 |
| | |

| 여 | 덟 | 개 |
|---|---|---|
| 여 | 덟 | 개 |
| 여 | 덟 | 개 |
| | | |

| 얇 | 은 |
|---|---|
| 얇 | 은 |
| 얇 | 은 |
| | |

| 흙 | 무 | 덤 |
|---|---|---|
| 흙 | 무 | 덤 |
| 흙 | 무 | 덤 |
| | | |

| 괜 | 찮 | 아 | 요 |
|---|---|---|---|
| 괜 | 찮 | 아 | 요 |
| 괜 | 찮 | 아 | 요 |
| | | | |

| 핥 | 다 |
|---|---|
| 핥 | 다 |
| 핥 | 다 |
| | |

| 옮 | 기 | 다 |
|---|---|---|
| 옮 | 기 | 다 |
| 옮 | 기 | 다 |
| | | |

| 되 | 잖 | 아 |
|---|---|---|
| 되 | 잖 | 아 |
| 되 | 잖 | 아 |
| | | |

| 않 | 다 |
|---|---|
| 않 | 다 |
| 않 | 다 |
| | |

| 까 | 닭 |
|---|---|
| 까 | 닭 |
| 까 | 닭 |
| | |

| 철 | 봉 |
|---|---|
| 철 | 봉 |
| 철 | 봉 |
| | |

| 않 | 았 | 다 |
|---|---|---|
| 않 | 았 | 다 |
| 않 | 았 | 다 |
| | | |

★ 받침이 두 개가 있는 글자를 익혀 봅시다.

| 있 | 다 |
|---|---|
| 있 | 다 |
| 있 | 다 |
|  |  |

| 밖 | 에 |
|---|---|
| 밖 | 에 |
| 밖 | 새 |
|  |  |

| 짧 | 은 |
|---|---|
| 짧 | 은 |
| 짧 | 새 |
|  |  |

| 앉 | 히 | 다 |
|---|---|---|
| 앉 | 히 | 다 |
| 앉 | 히 | 다 |
|  |  |  |

| 했 | 지 |
|---|---|
| 했 | 지 |
| 했 | 지 |
|  |  |

| 듣 | 잖 | 니 |
|---|---|---|
| 듣 | 잖 | 니 |
| 듣 | 잖 | 니 |
|  |  |  |

| 빨 | 개 | 졌 | 다 |
|---|---|---|---|
| 빨 | 개 | 졌 | 다 |
| 빨 | 개 | 졌 | 다 |
|  |  |  |  |

| 닮 | 다 |
|---|---|
| 닮 | 다 |
| 닮 | 다 |
| | |
| | |

| 잃 | 었 | 다 |
|---|---|---|
| 잃 | 었 | 다 |
| 잃 | 었 | 다 |
| | | |
| | | |

| 됐 | 지 | 요 |
|---|---|---|
| 됐 | 지 | 요 |
| 됐 | 지 | 요 |
| | | |
| | | |

| 굶 | 어 |
|---|---|
| 굶 | 어 |
| 굶 | 어 |
| | |
| | |

| 흙 | 을 |
|---|---|
| 흙 | 을 |
| 흙 | 을 |
| | |
| | |

| 왔 | 다 |
|---|---|
| 왔 | 다 |
| 왔 | 다 |
| | |
| | |

| 끓 | 는 | 다 |
|---|---|---|
| 끓 | 는 | 다 |
| 끓 | 는 | 다 |
| | | |
| | | |

## 해 답

p. 30

그림을 보고 서로 알맞은 것끼리 선으로
연결해 봅시다.

p. 32~33

다람이가 그림책에서 본 것입니다. 그림
을 보고 알맞은 글자를 써 넣어 주세요.

p. 36

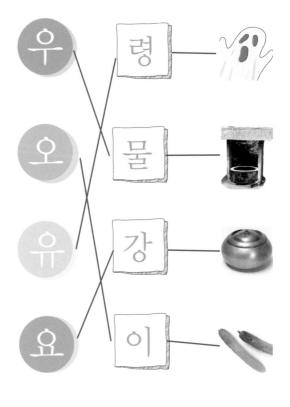

p. 40 ,42

그림을 보고 서로 알맞은 것끼리 선으로
연결해 봅시다.

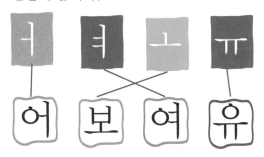

그림을 보고 서로 알맞은 것끼리 선으로
연결해 봅시다.

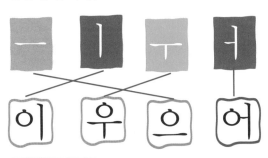

p. 44

자음자와 모음자를 짝지워 낱말을 만들
어 봅시다.

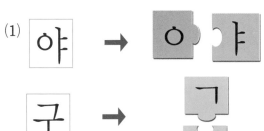

p. 46

자음자와 모음자를 짝지워 낱말을 만들
어 봅시다.

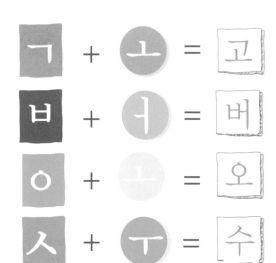

p. 48

자음자와 모음자를 짝지워 낱말을 만들
어 봅시다.

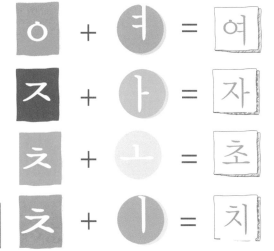

p. 50

보기와 같이 자음자와 모음자를 짝지워 받침이 낱자를 만들어 봅시다.

p.52

자음자와 모음자를 짝지워 낱말을 만들어 봅시다.

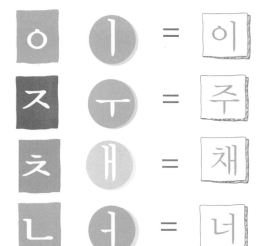

p.54

보기와 같이 글자에 받침을 더하여 새로운 글자를 만들고 읽어 봅시다.

p.56

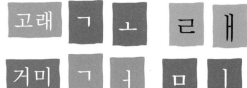

p.78

아래 문장에 알맞은 문장부호를 보기에서 찾아 빈칸에 쓰시오.

1. 영수야, 안녕 !

ㄱ. 아,유진이구나 !

2. 민지야, 잘 있었니 ?

ㄴ. 응, 너도 잘 있었니 ?

3. 아우야,

ㄷ. 형님,　여기 계셨군요.

4. 어머님이 싸 주신 떡이에요 ·

ㄹ. 그래, 마침 배고프던 참이었는데.

126

p80~81

(1) 할아버지 할머니 그동안 건강하셨어요?　(3) 영희야, 안녕. 그동안 잘 있었니?

(2) 선생님, 안녕하세요?　　　　　　　　　(4) 영희야, 잘가!

p82~83

다음 서로 알맞은 것끼리 선으로 연결해 보세요.

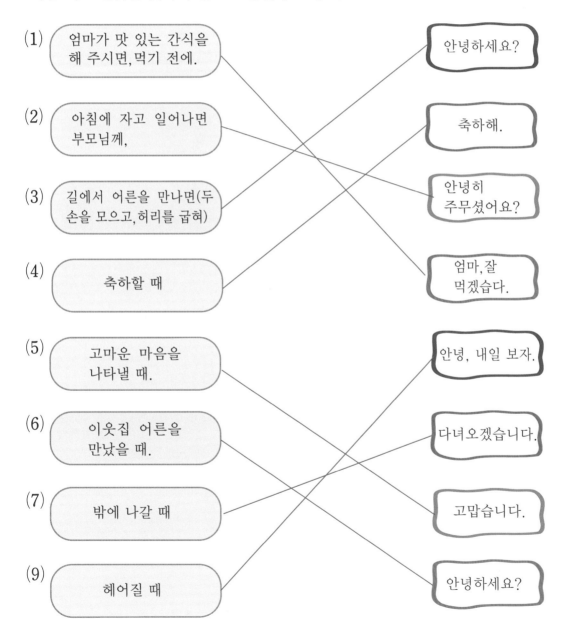

입학준비

# 국 어 처음배우기

초판 2쇄 발행 2020년 2월 1일

글 편집부

**펴낸이** 서영희 | **펴낸곳** 와이 앤 엠

**편집** 임명아

**본문인쇄** 신화 인쇄 | **제책** 세림 제책

**제작** 이윤식 | **마케팅** 강성태

주소 120-100 서울시 서대문구 홍은동 376-28

전화 (02)308-3891 | Fax (02)308-3892

E-mail yam3891@naver.com

등록 2007년 8월 29일 제312-2007-00004호

ISBN 978-89-93557-92-3 63710

본사는 출판물 윤리강령을 준수합니다.